JN067912

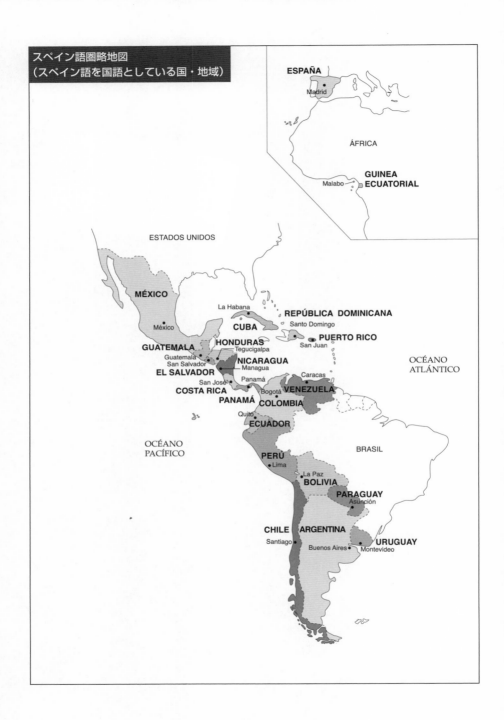

スペイン語圏略地図
（スペイン語を国語としている国・地域）

ESPAÑA
Madrid

ÁFRICA

GUINEA
ECUATORIAL
Malabo

ESTADOS UNIDOS

MÉXICO
México

La Habana
CUBA
REPÚBLICA DOMINICANA
Santo Domingo
PUERTO RICO
San Juan

GUATEMALA
HONDURAS
Guatemala
Tegucigalpa
San Salvador
NICARAGUA
EL SALVADOR
Managua
COSTA RICA
San José
Panamá
Caracas
PANAMÁ
Bogotá
VENEZUELA
COLOMBIA
Quito
ECUADOR

PERÚ
Lima

OCÉANO
PACÍFICO

BRASIL

La Paz
BOLIVIA
PARAGUAY
Asunción

CHILE
ARGENTINA
Santiago
Buenos Aires
URUGUAY
Montevideo

OCÉANO
ATLÁNTICO

Ejercicios gramaticales de español clasificados por temas

— Edición revisada y aumentada —

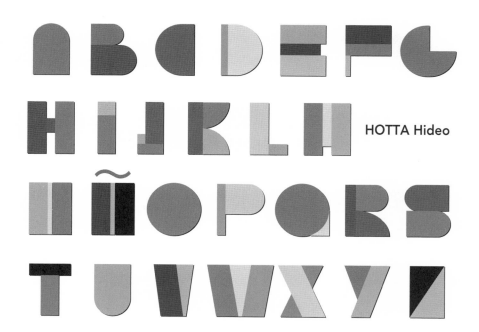

HOTTA Hideo

Editorial ASAHI

Ejercicios gramaticales de español clasificados por temas
Edición revisada y aumentada 2021
HOTTA Hideo
Editorial Asahi
Nishi-Kanda 3-3-5,
Chiyoda-ku, Tokio, 101-0065 Japón
http://www.asahipress.com/

まえがき

　スペイン語圏のどこかの国を旅行するのに、予約済みの交通機関やホテルを利用したり、スーパーマーケットで買い物をしたりするくらいは、いくつかの単語を知っていれば問題なくできます。しかし、最低限の文法を身につけ、できるだけ多くの単語を覚えるようにすれば、スペイン語の発音が日本語に似ているのと、スペイン語圏のたいていの人達がもてなしの心 (hospitalidad) を持っているので、現地の人と親しくなって、前日に見て感激した景色や建物の感想を話し、楽しみにしている翌日の予定を話すというような、少し込み入ったことまで話すことができるようになります。

　この小さな本は、ドリル問題を解きながらスペイン語習得のためにマスターしなければならない文法事項を学ぶための問題集です。文法項目ごとになるべく独立させてありますから、ほとんどの場合、どの部分からでも学習を始めることができるように考えました。初級の基本的な文法項目や語を網羅し、その上、さらに学習を発展させることができるような文法事項や語彙も含めてあります。かぐや姫や浦島太郎などのお話しや詩の一節も、ほんの少しですがひそませてあります。辞書を引いて意味も調べてください。初版では、スペイン語文校閲に Lidia Sala さんの協力を得ました。感謝します。今回の改訂増補版では、いくつかの問題を増やした他、スペイン王立学士院の 2010 年正書法に合わせました。

　スペイン語をマスターすれば、地球上に 4 億 8 千 3 百万人と言われるスペイン語母語話者と友だちになることができます。学習者や母語でないスペイン語使用者を含めると 5 億 8 千万人という統計 (Instituto Cervantes 2019) もあります。是非スペイン語を使えるようになってください。

堀田英夫

目 次

装丁—メディア・アート

ALFABETO

大文字	小文字	文字の名	単語での読み方
A	a	a	/ a /
B	b	be	/ b /
C	c	ce	/ k / ただし ce/θe/、ci/θi/（中南米では/se, si/）、ch/tʃ/
D	d	de	/ d / ただし語末では留めるだけ
E	e	e	/ e /
F	f	efe	/ f /
G	g	ge	/ g / ただし/ge/xe/、/gi/xi/
H	h	hache	/ /無音、ただし ch /tʃ/
I	i	i	/ i /
J	j	jota	/ x / ただし語末で無音
K	k	ka	/ k /
L	l	ele	/ l / ただし ll/ʝ/
M	m	eme	/ m /
N	n	ene	/ n /
Ñ	ñ	eñe	/ ñ /
O	o	o	/ o /
P	p	pe	/ p /
Q	q	cu	que / ke /, que / ki /のみ
R	r	erre	/ r / ただし rr と語頭で / ř /
S	s	ese	/ s /
T	t	te	/ t /
U	u	u	/ u / ただし gue, gui, que, qui で無音
V	v	uve	/ b /
W	w	uve doble	外来語に用い、語によって/ w /や/ b /
X	x	equis	/ks /ただしメキシコ国名とその派生語で / x /
Y	y	ye	/ ʝ /ただし単独で/ i /
Z	z	zeta	/ θ / （中南米では/ s /）

以下の二つは、古い辞書では、一つの文字として配列してあります。

Ch	ch	che	/tʃ / c と d の間に配列
Ll	ll	elle	/ ʝ / l と m の間に配列

¡Ojo! güe, güi は、/gwe/、/gwi/のように u を発音します。

第1章　文字と発音
(p. 2〜3)

★Suplemento 1 — Números cardinales (1): 1 〜 100

第1章　文字と発音

1-1 ［アルファベット］

Ｉ 次の略号をアルファベット読みで書いてください。

(例) CPU　→　*ce pe u*

(1) OIT →　　　　　　　　(2) EGB →　　　　　　　　(3) UE →

(4) DNI →　　　　　　　　(5) FMI →

ＩＩ 自分の氏名のローマ字書きをアルファベット読みで書いてください。

(例) NATSUMI　→　*ene, a, te, ese, u, eme, i*

RYUYA　　　→　*erre, ye, u, ye, a*

1-2 ［発音］

Ｉ 左にある語の下線部と右の(a),(b),(c)の語の中で下線部が同じ発音の語はどれです
か。アクセントは考慮しないでください。

(例) <u>b</u>urro;　　　(a) <u>v</u>aca, (b) na<u>d</u>a, (c) papel　→　**_(a)_**

(1) tie<u>rr</u>a;　　(a) ca<u>r</u>a　　(b) <u>r</u>adio　　(c) sa<u>l</u>a　　　→

(2) <u>g</u>eneral;　(a) <u>f</u>echa　　(b) <u>gu</u>erra　(c) tra<u>j</u>e　　→

(3) len<u>gu</u>a;　(a) <u>cu</u>atro　(b) <u>gu</u>itarra　(c) pe<u>qu</u>eño →

(4) <u>c</u>ena;　　(a) na<u>r</u>iz　　(b) le<u>cc</u>ión　(c) le<u>ch</u>e　→

(5) a<u>h</u>ora;　　(a) traba<u>j</u>o　(b) <u>a</u>fortunado　(c) bacal<u>ao</u>　→

1-3 ［アクセント］

Ｉ 次の語の、アクセントのある母音に下線を引いてください。

(例) catorce　→　**cat<u>o</u>rce**

(1) zapatos　　　(2) amor　　　(3) página　　　(4) cambio

(5) papel　　　　(6) ciudad　　(7) restaurante　(8) joven

(9) derecho　　(10) gracias

1-4 ［音節］

I 次の語を音節に分けてください。

（例） problema → *pro – ble – ma*

(1) domingo   →

(2) martes   →

(3) instantáneo →

(4) completo   →

(5) madre   →

_____

【 **1-1** 〜 **1-4** ［補足問題］】

1 左にある語の下線部と右の (a), (b), (c)の語の中で下線部が同じ発音の語はどれですか。アクセントは考慮しないでください。

(1) parag<u>u</u>as; (a) aq<u>u</u>í   (b) portug<u>u</u>és   (c) l<u>u</u>ego →

(2) <u>h</u>otel;   (a) mucha<u>ch</u>o (b) <u>o</u>toño   (c) o<u>j</u>o   →

(3) pá<u>g</u>ina;   (a) ver<u>g</u>üenza (b) <u>j</u>uego   (c) <u>f</u>uego →

(4) <u>c</u>ielo;   (a) <u>z</u>apatos   (b) o<u>c</u>ho   (c) <u>c</u>ara   →

(5) jo<u>v</u>en;   (a) or<u>d</u>en   (b) escri<u>b</u>en   (c) <u>f</u>eliz →

2 次の語の、アクセントのある母音に下線を引いてください。

(1) nariz   (2) ahora   (3) lengua   (4) jueves   (5) desayuno

3 次の語を音節に分けてください。

(1) bacalao   →

(2) gracias   →

(3) padre   →

(4) lección   →

(5) miércoles →

_____

Suplemento 1

Números cardinales (1): $1 \sim 100$

0	cero	21	veintiuno
1	uno (un, una)		(veintiún, veintiuna)
2	dos	22	veintidós
3	tres	23	veintitrés
4	cuatro	24	veinticuatro
5	cinco	25	veinticinco
6	seis	26	veintiséis
7	siete	27	veintisiete
8	ocho	28	veintiocho
9	nueve	29	veintinueve
10	diez	30	treinta
11	once	31	treinta y uno (un, una)
12	doce	32	treinta y dos
13	trece	...	
14	catorce	40	cuarenta
15	quince	50	cincuenta
16	dieciséis	60	sesenta
17	diecisiete	70	setenta
18	dieciocho	80	ochenta
19	diecinueve	90	noventa
20	veinte	100	cien (ciento)

第2章　名詞類
(p. 6〜13)

★Suplemento 2 — Números cardinales (2): 101 〜 2.000.000
Números ordinales

第2章　名詞類

2-1　[名詞の性]

Ⅰ　次の名詞で男性名詞には m. を女性名詞には f. を（　　）内に書いてください。

（例）　comida（ *f.* ）

(1) desayuno（　　）　　　(2) cena（　　）　　　(3) hombre（　　）

(4) mujer（　　）　　　(5) mano（　　）

2-2　[複数形の作り方]

Ⅰ　次の名詞の複数形を書いてください。

（例）　japonés　→　*japoneses*

(1) estudiante　→

(2) señor　　　→

(3) joven　　　→

(4) lápiz　　　→

(5) paraguas　→

2-3　[人称代名詞主格]

Ⅰ　次の語群を一語の人称代名詞主格形で書いてください。（親しい人 [tú で話す人]を含む複数形はスペインなら vosotros/vosotras、中南米なら ustedes を使います）

（例）　el rey y yo（王様と私）　　　　　　　　　　　→　*nosotros*

(1) usted y Carmen（あなたとカルメン）　　　　　→

(2) Romeo y Julieta（ロミオとジュリエット）　　　→

(3) las tres hermanas（三人姉妹）　　　　　　　　→

(4) tú y José（君とホセ/あなたとホセ）[スペインでは] →

　　　　　　　　　　　　　　　　　　[中南米では] →

(5) tú y yo（君と僕/あなたと私）　　　　　　　　→

2-4　[定冠詞]

Ⅰ　それぞれの名詞に適切な定冠詞を書いてください。

（例）　（ *la* ）nariz

(1)（　　　　）fiesta　　(2)（　　　　）jardín　　(3)（　　　　）niñas

(4)（　　　　）día　　　(5)（　　　　）zapatos

2-5 ［形容詞］

I ［ ］内の形容詞を適切な形にしてください。

（例）unas revistas [interesante]　→　*unas revistas interesantes*

(1) un banco [grande]　→

(2) una lección [fácil]　→

(3) una señora [rico]　→

(4) unos hoteles [económico]　→

(5) unas universidades [español]　→

【**2-1** ～ **2-5** ［補足問題］】

1 次の名詞の複数形を書いてください。

(1) hombre　→

(2) mujer　→

(3) martes　→

(4) lección　→

(5) página　→

2 それぞれの名詞に適切な定冠詞を書いてください。

(1) (　　　) sábado　　(2) (　　　) papeles　　(3) (　　　) niña

(4) (　　　) lecciones　(5) (　　　) problema

3 ［ ］内の形容詞を適切な形にしてください。

(1) un libro [caro]　→

(2) unas señoras [alegre]　→

(3) una universidad [japonés]　→

(4) unos zapatos [blanco]　→

(5) unos estudiantes [feliz]　→

4 次の地名の意味を調べてみてください。

(1) El Salvador　　　　　(2) La Paz

(3) Los Ángeles　　　　　(4) Las Vegas

2-6 ［指示形容詞／指示代名詞］

I （　　）内に［　　］の指示形容詞の適切な形を書いてください。

(例) （ _esta_ ） clase ［este］

(1) （　　　　　） sombreros ［este］
(2) （　　　　　） libro ［ese］
(3) （　　　　　） camisas ［ese］
(4) （　　　　　） mesa ［aquel］
(5) （　　　　　） asientos ［aquel］

II 次の語群を一語の指示代名詞で書いてください。

(例) esta mesa → _esta_

(1) esos vestidos　　　　　　　　　→
(2) aquel hotel　　　　　　　　　　→
(3) este libro y esta revista　　　　→
(4) ese vino　　　　　　　　　　　→
(5) aquella iglesia y aquel castillo　→

2-7 ［所有形容詞／所有代名詞］

I ［　　］内に示した人の所有形容詞で（　　）内の位置で使う、適切な形を書いてください。

(例) ［私の］ un <u>primo</u> （ _mío_ ）

(1) ［君の］（　　　　　　） abuelos （tú で呼ぶ相手に）
(2) ［私たちの］ esta casa （　　　　　　）
(3) ［君たちの］（　　　　　　） coche （スペインでの言い方で）
(4) ［彼女らの］（　　　　　　） hermano
(5) ［あなたの］ una amiga （　　　　　　） （usted で呼ぶ相手に）

II 次の語句を所有代名詞、すなわち定冠詞＋所有形容詞完全形に書き換えてください。

(例) mi <u>libro</u> → **_el mío_**

(1) tu amigo   →

(2) la familia de Daniel   →

(3) nuestra universidad   →

(4) el proyecto de ustedes   →

(5) los libros de la profesora Sala   →

- - - - - - - - - - - - - - - - - - - -

【 2-6 ～ 2-7 ［補足問題］】

1 （   ）内に［   ］の指示形容詞の適切な形を書いてください。

(1) (   ) señor ［este］

(2) (   ) torre ［este］

(3) (   ) mesa ［ese］

(4) (   ) vino ［aquel］

(5) (   ) zapatos ［aquel］

2 ［   ］内に示した人の所有形容詞で（   ）内の位置で使う、適切な形を書いてください。

(1)［君の］(   ) hijos (tú で呼ぶ相手に)

(2)［あなたの］esta universidad (   ) (usted で呼ぶ相手に)

(3)［私たちの］(   ) tren

(4)［彼女らの］un vestido (   )

(5)［私の］(   ) camisa

3 ある人のお宅に招待され、次のように言われました。それぞれどんな意味で言われたのでしょうか。

(1) — Esta es mi casa.

(2) — Esta es su casa.

- - - - - - - - - - - - - - - - - - - -

2-8 [前置詞]

I ( ) 内に **a, con, de, en, para** の内、意味上適切な前置詞を書いてください。必要な
ら定冠詞も加えてください。

(1) El muchacho habla ( ) Naomi.（ナオミと）

(2) Mis padres viven ( ) Tokio.

(3) El perro espera ( ) señor.

(4) El tabaco no es bueno ( ) la salud.

(5) La maleta es ( ) la joven.

2-9 [人称代名詞直接目的格]

I 下線が引いてある名詞句を代名詞にして文を書き換えてください。

(例) Juana lee <u>los libros</u>. → *__Juana los lee.__*

(1) Comemos <u>el flan</u>.

(2) Don Quijote busca <u>a Dulcinea</u>.

(3) Ellos llaman <u>a usted</u>（女性）.

(4) Compro <u>las flores</u>.

(5) ¿Escribes <u>la carta</u>?

2-10 [人称代名詞間接目的格]

I 下線が引いてある名詞句を代名詞にして文を書き換えてください。

(例) El médico enseña la foto <u>al paciente</u>. → *__El médico le enseña la foto.__*

(1) La señora vende naranjas <u>al extranjero</u>.

　　→

(2) Los niños escriben <u>a Papá Noel</u>.

　　→

(3) El niño lleva la bebida <u>a sus abuelos</u>.

　　→

(4) Las señoras no compran flores <u>a la niña</u>.

　　→

(5) Quitan la cartera <u>al viajero</u>.

　　→

- -

【 2-8 ～ 2-10 ［補足問題］】

1 下線が引いてある名詞句を代名詞にして文を書き換えてください。（直接目的格3人称男性単数は、スペインで le、中南米で lo を使うことが多い）

(1) Juana lee <u>el libro</u>.

　　→

(2) El periodista busca <u>la foto</u>.

　　→

(3) La señora no compra <u>naranjas</u>.

　　→

(4) Ellos llaman <u>a usted</u>（男性）.（中南米の言い方で）

　　→

(5) ¿Escriben ustedes <u>la carta</u>?

　　→

2 下線が引いてある名詞句を代名詞にして文を書き換えてください。

(1) El estudiante escribe <u>a las profesoras</u>.

　　→

(2) La niña lleva el plato <u>a sus abuelos</u>.

　　→

(3) La señorita vende un coche <u>al señor extranjero</u>.

　　→

(4) El hijo enseña las fotos <u>a sus padres</u>.

　　→

(5) Los viajeros no compran zapatos <u>a la señorita</u>.

　　→

- - - - - - - - - - - - - - - - - - - -

2-11 ［間接目的格と直接目的格］

I 下線が引いてある名詞句を代名詞にして文を書き換えてください。

(1) La señora vende <u>una manzana</u> <u>a la princesa</u>.

→

(2) Los niños escriben <u>una carta</u> <u>a los Reyes Magos</u>.

→

(3) La niña lleva <u>los pasteles</u> <u>a su abuela</u>.

→

(4) Los señores no compran <u>fósforos</u> <u>a la niña</u>.

→

(5) Roban <u>el pasaporte y la cámara</u> <u>al viajero</u>.

→

2-12 ［人称代名詞前置詞格］

I （　　）内に、人称代名詞を入れてください。必要な場合は前置詞もつけてください。

(例) Estudio español (_**contigo**_). ［君と一緒に］

(1) Los padres trabajan para (　　　　). ［彼ら］

(2) Elisa viaja (　　　　). ［私と一緒に］

(3) Me manda un paquete a (　　　　). ［私に］

(4) El policía pregunta por (　　　　). ［君］

(5) Los estudiantes hablan bien de (　　　　). ［私たち］

2-13 ［再帰代名詞］

I （　　）内に再帰代名詞を入れてください。

(1) (　　　　) lavamos las manos antes de comer.

(2) La reina (　　　) mira en el espejo.

(3) ¿(　　　) levantas a las seis generalmente?

(4) (　　　) llamo Pablo.

(5) ¿(　　　) ayudáis mutuamente?

【 2-11 ～ 2-13 ［補足問題］】

1 下線が引いてある名詞句を代名詞にして文を書き換えてください。

(1) El estudiante manda <u>un mensaje</u> <u>al profesor</u>.
   →

(2) La niña lleva <u>el plato</u> <u>a sus abuelos</u>.
   →

(3) Las señoras venden <u>naranjas</u> <u>a los extranjeros</u>.
   →

(4) El médico enseña <u>las fotos</u> <u>al paciente</u>.
   →

(5) Los viajeros no compran <u>zapatos</u> <u>a la señorita</u>.
   →

2 （　　　）内に、人称代名詞を入れてください。必要な場合は前置詞もつけてください。

(1) Mario viaja con (　　　　　　). ［彼女］

(2) ¿Pregunta por (　　　　　) el policía? ［私］

(3) Los estudiantes no hablan mal de (　　　　　). ［君］

(4) La madre trabaja para (　　　　　). ［彼ら］

(5) ¿Tus abuelos viven (　　　　　)? ［君と一緒に］

3 （　　　）内に再帰代名詞を入れてください。

(1) (　　　　) lavo los dientes después de comer.

(2) Las muchachas (　　　　) miran mutuamente.

(3) Mi amigo (　　　　) llama Julio.

(4) (　　　　) levantamos temprano.

(5) ¿Dónde (　　　　) recoge el equipaje? （空港で）

Suplemento 2

Números cardinales (2): 101 ~ 2.000.000

101	ciento uno (un, una)	1.000	mil
102	ciento dos	2.000	dos mil
...		2.001	dos mil uno (un, una)
199	ciento noventa y nueve	2.002	dos mil dos
200	doscientos, -tas	2.003	dos mil tres
300	trescientos, -tas	2.004	dos mil cuatro
400	cuatrocientos, -tas	...	
500	quinientos, -tas	123.456	ciento veintitrés mil
600	seiscientos, -tas		cuatrocientos(-tas)
700	setecientos, -tas		cincuenta y seis
800	ochocientos, -tas	1.000.000	un millón
900	novecientos, -tas	2.000.000	dos millones

Números ordinales

1.° / 1.ª	primero, -ra (1.ᵉʳ primer)	6.° / 6.ª	sexto, -ta
2.° / 2.ª	segundo, -da	7.° / 7.ª	séptimo, -ma
3.° / 3.ª	tercero, -ra (3.ᵉʳ tercer)	8.° / 8.ª	octavo, -va
4.° / 4.ª	cuarto, -ta	9.° / 9.ª	noveno, -na
5.° / 5.ª	quinto, -ta	10.° / 10.ª	décimo, -ma

第3章　動詞
(p. 16〜47)

★Suplemento 3 — Meses del año / Días de la semana / Estaciones del año / Direcciones

3−1 ［直説法現在規則変化］

Ⅰ　**–ar** 動詞　各文末の［　　　］内にある動詞を直説法現在の適切な形にして（　　　）内に書いてください。

(例) Jaime (***habla***) inglés muy bien. [hablar]

(1) Nosotros (　　　　　　) de lunes a viernes. [trabajar]

(2) Yo (　　　　　) economía. [estudiar]

(3) ¿(　　　　　　) tú la maleta? [llevar]

(4) ¿(　　　　　) ustedes a Luis? [llamar]

(5) Usted (　　　　　　) español en la universidad. [enseñar]

Ⅱ　**–er** 動詞　各文末の［　　　］内にある動詞を直説法現在の適切な形にして（　　　）内に書いてください。(親しい人 [tú で話す人] を含む複数形が主語の時、スペインなら２人称複数形、中南米なら３人称複数形を使います)

(1) Tú y Tomás (　　　　　　) el diario. [leer] (中南米の言い方で)

(2) Teresa y Naomi (　　　　　) pescado. [comer]

(3) Nosotros (　　　　　) español. [aprender]

(4) ¿(　　　　　) ustedes zapatos aquí? [vender]

(5) Tú (　　　　　) tu equipaje. [recoger]

Ⅲ　**–ir** 動詞　各文末の［　　　］内にある動詞を直説法現在の適切な形にして（　　　）内に書いてください。

(1) Tú (　　　　　) en Santiago. [vivir]

(2) Yo (　　　　　) un ensayo. [escribir]

(3) José y Juan no (　　　　　　) a la clase hoy. [asistir]

(4) Nosotros (　　　　　) las ventanas. [abrir]

(5) Ella (　　　　　) muchos mensajes todos los días. [recibir]

IV 各文末の [   ] 内から動詞を選び（   ）内に直説法現在の適切な形にして書いてください。

(1) ¿Qué (   ) tú? [entrar, buscar, vivir]

(2) Nosotros (   ) en el parque. [correr, pagar, viajar]

(3) María y yo (   ) al tren. [parar, terminar, subir]

(4) Tú y Carmen (   ) temprano. [desayunar, hablar, comprar]
（スペインの言い方で）

(5) El señor (   ) comprar un sombrero. [vivir, esperar, desear]

(6) Ana y Mercedes (   ) esperar aquí. [deber, estudiar, perdonar]

(7) Yo (   ) Buenos Aires. [visitar, viajar, lavar]

(8) La muchacha (   ) el camino a la estación.
[sacar, leer, preguntar]

(9) ¿(   ) tú de aquí mañana temprano? [girar, partir, parar]

(10) Tú y yo (   ) juntos por Perú. [pagar, comer, viajar]

V 各文末の [   ] 内の語句を使い、以下の問いの答えとなるような文を書いてください。
（練習のため動詞は省略しないこと）

(例) ¿Usted habla japonés? [sí] — *__Sí, hablo japonés.__*

(1) ¿Trabajan ustedes en la oficina? [no]
—

(2) ¿Dónde vives tú? [en Kioto]
—

(3) ¿Qué estudias ahora? [español]
—

(4) ¿Lees el diario todos los días? [sí]
—

(5) ¿Comen ustedes arroz en Japón? [sí]
—

3 – 2 ［直説法現在不規則変化 ser, estar, hay(=haber)］

I 各文末の ［　　］ 内から動詞を選び（　　）内に直説法現在の適切な形にして書いてください。

(例)　Tú (_eres_) estudiante. [ser, estar]

(1)　Felipe (　　　　) un chico muy alto. [ser, estar]

(2)　Yo (　　　　) cansado. Ahora (yo) no (　　　　) alegre. [ser, estar]

(3)　Antonio (　　　　) de España. (　　　　) español. [ser, estar]

(4)　La sopa (　　　　) caliente. [ser, estar]

(5)　El señor Saigo (　　　　) con un perro. [ser, estar]

(6)　¿Dónde (　　　　) tú? — (　　　　) en la universidad. [ser, estar, hay]

(7)　¿(　　　　) la taza en la mesa? [ser, estar, hay]

(8)　¿(　　　　) una taza en la mesa? [ser, estar, hay]

(9)　El café (　　　　) de Colombia. [ser, estar, hay]

(10)　(　　　　) una cafetería delante de la universidad. [ser, estar, hay]

II 各文末の ［　　］ 内の語句を使い、以下の問いの答えとなるような文を書いてください。
（練習のため動詞は省略しないこと）

(1)　¿Eres estudiante? ［sí］

　—

(2)　¿De dónde eres? ［Bolivia］

　—

(3)　¿Para qué estás aquí? ［para estudiar español］

　—

(4)　¿Dónde está Lima? ［en Perú］

　—

(5)　¿Hay muchos árboles en el parque? ［no］

　—

18

【 3−1 ～ 3−2 ［補足問題］】

1 各文末の［ ］内から動詞を選び（ ）内に直説法現在の適切な形にして書いてください。

(1) Tú ( ) la maleta pequeña. [estudiar, llevar, deber]

(2) ¿( ) el profesor al estudiante? [llamar, entrar, desear]

(3) Tú y yo ( ) el equipaje. [hablar, leer, recoger]

(4) Usted ( ) inglés muy bien. [terminar, hablar, preguntar]

(5) Ellos ( ) de lunes a sábado. [trabajar, llevar, vivir]

(6) ¿( ) la señorita ropa usada? [vender, comer, entrar]

(7) Yo no ( ) a la conferencia de hoy. [aprender, leer, asistir]

(8) ¿( ) tú un e-mail? [escribir, vender, viajar]

(9) Los alumnos ( ) la puerta. [pagar, abrir, recibir]

(10) Los españoles ( ) mucho pescado. [comer, beber, enseñar]

2 ( ) 内に **ser, estar, hay** から動詞を選び直説法現在の適切な形にして書いてください。

(1) El vaso ( ) en la mesa.

(2) ( ) un vaso en la mesa.

(3) Tú ( ) alegre siempre. Pero ahora (tú) no ( ) alegre.

(4) Antonio ( ) de Perú. ( ) peruano.

(5) El café ( ) caliente.

(6) Nosotros ( ) estudiantes.

(7) Juan ( ) un hombre muy alto.

(8) El plátano ( ) de México.

(9) ( ) una cafetería al lado del restaurante.

(10) ¿Dónde ( ) usted? — ( ) en la cafetería.

3 次の格言の意味を考えてみよう。

(1) El tiempo es oro.

(2) No hay atajo sin trabajo.

3 – 3 [直説法現在語幹母音変化]

I 各文末の [　] 内にある動詞を直説法現在の適切な形にして（　）内に書いてください。

(1) Mi hermana no (　　　　　) bien estos días. [dormir]

(2) Yo (　　　　) frío cuando tomo un helado. [sentir]

(3) Ustedes (　　　　　) al fútbol muy bien. [jugar]

(4) Lola (　　　　) trabajando en la misma empresa. [seguir]

(5) ¿A qué hora (　　　　　) su padre? [volver]

II 各文末の [　] 内から動詞を選び（　）内に直説法現在の適切な形にして書いてください。

(1) Yo (　　　　　) una cerveza. [pedir, doler, pensar]

(2) Mis amigos (　　　　) mucho. [cerrar, llover, reír]

(3) Ahora nos (　　　　) en la Plaza Mayor. [encontrar, poder, probar]

(4) ¿(　　　　) usted abrir la puerta? [entender, poder, mostrar]

(5) ¿(　　　　) (tú) entrar en este restaurante? [sonar, perder, querer]

III 各文末の [　] 内の語句を使い、以下の問いの答えとなるような文を書いてください。
（練習のため動詞は省略しないこと）

(1) ¿A qué hora te acuestas generalmente? [a las diez]
—

(2) ¿Qué quieres comer ahora? [un bocadillo]
—

(3) ¿Entiendes bien estas preguntas? [sí]
—

(4) ¿Qué puedes hacer para ayudar a tu madre? [limpiar la sala]
—

(5) ¿En qué mes llueve mucho en Japón? [en junio]
—

【 3－3 ［補足問題］】

1 各文末の ［　　］内から動詞を選び（　　）内に直説法現在の適切な形にして書いてください。

(1) ¿A qué hora (　　　　　) tú a casa? [acostar, encontrar, volver]

(2) Nosotros (　　　　　) vino. [pedir, doler, pensar]

(3) Yo no (　　　　) bien estos días. [ser, dormir, entrar]

(4) ¿Qué (　　　　) hacer nosotros para el futuro de la sociedad humana?
[comer, sentir, poder]

(5) ¿(　　　　　) usted frío cuando toma cerveza? [sentir, beber, aprender]

(6) ¿(　　　　　) ustedes abrir la ventana? [entender, poder, mostrar]

(7) ¿(　　　　　) entrar tú en esta cafetería? [sonar, perder, querer]

(8) ¿A qué hora se (　　　　) usted generalmente? [volver, acostar, mirar]

(9) Usted (　　　　) al tenis muy bien. [estudiar, aprender, jugar]

(10) Mi amigo (　　　　) mucho. [cerrar, llover, reír]

2 次の文の意味を考えてみよう。

(1) Aquí llueve mucho en otoño.

(2) En invierno nieva mucho en esta región.

(3) Truena a lo lejos.

(4) Pienso, luego existo. (René Descartes, 1596-1650)

(5) El que ríe el último, ríe mejor. （el que 〜する人）

[直説法現在1人称単数不規則変化]

I 各文末の [　] 内にある動詞を直説法現在の適切な形にして（　　）内に書いてください。

(1) Un perro piensa: "(Yo) (　　　　) un pedazo de carne en la boca." [traer]

(2) "(Yo) (　　　　) a otro perro en el río." [ver]

(3) El perro ladra: "Yo no te (　　　　) la carne." [dar]

(4) La carne (　　　　) de su boca. [salir]

(5) (La carne) (　　　　) en el agua. [caer]

II 次の [　] 内から動詞を選び（　）内に直説法現在の適切な形にして書いてください。

[ver, dar, hacer, oír, salir]

(1) (Yo) (　　　　) de casa temprano por la mañana.

(2) (　　　　) muy buen tiempo.

(3) (Yo) (　　　　) un paseo por el campo.

(4) (Yo) (　　　　) a los niños jugar en la playa.

(5) (Yo) (　　　　) cantar los pájaros.

III 各文末の [　] 内の語句を使い、以下の問いの答えとなるような文を書いてください。
(練習のため動詞は省略しないこと)

(1) ¿Conoces Granada? [no]

—

(2) ¿Sabes nadar? [sí]

—

(3) ¿Cuánto tiempo hace que estudias español? [tres meses]

—

(4) ¿Qué tiempo hace hoy? [buen tiempo]

—

(5) ¿Dónde pones tu bolso generalmente al volver a casa? [en la mesa]

—

【 3-4 ［補足問題］】

1 次の［　］内から動詞を選び（　）内に直説法現在の適切な形にして書いてください。

[dar, traer, ver, hacer, poner]

(1) Carmen (　　　　) una flor en la mesa.
(2) (　　　　) calor hoy.
(3) Yo te (　　　　) un regalo.
(4) María (　　　　) aquí los libros.
(5) Juan (　　　　) el plano de la ciudad.

2 各文末の［　］内から動詞を選び（　）内に直説法現在の適切な形にして書いてください。

(1) (Yo) (　　　　) las montañas. [correr, ver, reír]
(2) (Yo) (　　　　) cantar a los muchachos. [salir, llover, oír]
(3) (Yo) no (　　　　) Bogotá. [viajar, conocer, hacer]
(4) ¿(　　　　) tú nadar? [cerrar, dar, saber]
(5) (Yo) no (　　　　) de casa por la noche. [dormir, salir, saber]
(6) (　　　　) buen tiempo. [hacer, estudiar, ver]
(7) (Yo) (　　　　) un paseo por el parque. [andar, pasear, dar]
(8) ¿Cuánto tiempo (　　　　) que estudias en la universidad?
　　　　　　　　　　　　　　　　　　[hacer, llevar, aprender]
(9) ¿Qué (　　　　) tú en la mochila? [entrar, viajar, traer]
(10) El perro piensa: "Yo (　　　　) caer la carne." [comer, ver, poner]

3 次の格言の意味を考えてみよう。

(1) El ejercicio hace al maestro.
(2) El saber no ocupa lugar.
(3) Querer es poder.

3 − 5 [直説法現在不規則変化 ir, tener, venir, decir]

I ( ) 内に **ir** の直説法現在の適切な形を書いてください。

(1) Marco ( ) a Argentina.

(2) ― Marco, ¿por qué tú ( ) solo a Argentina?

(3) ― Yo ( ) allá para buscar a mi mamá.

(4) ― ¡Todos! Es un buen muchacho. ¡ (Nosotros) ( ) a ayudarlo!

(5) Ellos ( ) a darle una parte del dinero para el viaje.

II ( ) 内に **tener** の直説法現在の適切な形を書いてください。

(1) ― Momotaro, ¿qué ( ) usted?

(2) ― (Yo) ( ) unas bolas de arroz, valiente Perro.

(3) ― El Mono, el Faisán y yo ( ) mucha hambre.

(4) ― Entonces te doy una, pero (tú) ( ) que venir conmigo. Les doy también a tus amigos, y ellos también ( ) que venir.

(5) Los enemigos ( ) muchos tesoros. (Nosotros) ( ) que tomarlos.

III 各文末の [ ] 内の動詞を順に ( ) 内に直説法現在の適切な形にして書いてください。

(1) ― ¿(Tú) ( ) que (tú) ( )? [decir, venir]

(2) ― Sí, (yo) te ( ) que (yo) ( ). [decir, venir]

(3) ― ¿ ( ) tu novio también? [venir]

(4) ― Yo no ( ). No me ( ) que (él) ( ).
   [saber, decir, venir]

(5) ( ) que ( ) otra novia. [decir, tener]

(不特定の人々が言っている)

【 3-5 ［補足問題］】

1 次の ［ ］内から動詞を選び（ ）内に直説法現在の適切な形にして書いてください。

[ir, tener, venir, decir]（それぞれ複数回使います）

(1) ¿( ) usted tiempo para hablar conmigo un rato?

(2) Momotaro y sus amigos ( ) a la isla.

(3) Mi novio me ( ) que me quiere mucho.

(4) Nosotros ( ) que pensar sobre la paz del mundo.

(5) (Ellos) ( ) que ( ) a llover mañana.

(6) Teresa me ( ) que ( ) a la fiesta de Luis.
（パーティー会場から離れたところで話している）

(7) (Yo) ( ) mucha sed.

(8) (Nosotros) ( ) a entrar en esta cafetería.

(9) (Yo) ( ) a la universidad en autobús.

(10) ¿De dónde ( ) ustedes?

(11) Yo ( ) hambre.

(12) ¿( ) usted a la oficina en metro?（オフィスで話している）

(13) Ellas me ( ) la verdad.

(14) Ustedes ( ) que salir ahora mismo.

(15) Nosotras ( ) al comedor.

2 各文末の ［ ］内の語句を使い、以下の問いの答えとなるような文を書いてください。

（練習のため動詞は省略しないこと）

(1) ¿Tiene usted calor? [sí]

(2) ¿Viene usted a la universidad en bicicleta? [no, en tren]

(3) ¿Qué vas a hacer este fin de semana? [descansar]

(4) ¿Tienes que hacer la comida en su casa? [sí]

(5) ¿A dónde va usted después de esta clase? [al centro]

3-6 [間接目的格代名詞をともなう動詞]

I 次の日本語文と同じ意味になるよう、各文末の [　　] 内の語を並べ替え、動詞を適切な形にしてスペイン語文を書いてください。

(1) 私はスペイン映画が好きです。　[gustar, las, me, películas, españolas]

(2) あなたの両親は旅行するのが好きですか？　[gustar, viajar, les, sus, padres, a]

(3) ワインを一杯どうですか？　[apetecer, una, te, copa, vino, de]

(4) 私は肩が痛みます。　[doler, los, me, hombros]

(5) あの喫茶店に入るのはどうですか？
[parecer, entrar, le, qué, si, aquella, cafetería, en]

II 下線部には間接目的格代名詞を、（　　）内には、各文末の [　　] 内の動詞を直説法現在の適切な形にして書いてください。

(1) A mí ＿＿＿（　　　）el color azul.　[gustar]
(2) ¿A ti ＿＿＿（　　）el estómago?　[doler]
(3) A mi hermano ＿＿＿（　　）los dibujos animados.　[gustar]
(4) A los padres de Ignacio ＿＿＿（　　）tiempo para hablar con él.　[faltar]
(5) A nosotros ＿＿＿（　　）las leyendas.　[interesar]

III 次の日本語文と同じ意味になるよう各文末の [　　] 内の語を並べ替え、適切な語形にしてスペイン語文を書いてください。

(1) サッカーは好きですか？　[el fútbol, te, gustar]
　　 —— いいえ、私は野球が好きです。　[el béisbol, no, gustar, me]

(2) お茶を一杯いかがですか（飲みたいですか）？　[una taza de té, apetecer, te]
　　 —— ええ。お願いします。　[favor, por, sí]

(3) 私の子供は歯を痛がっている。　[mi hijo, a, doler, las muelas, le]

26

(4) 私たちは、スペイン語圏アメリカ諸国の文化に関心があります。

[interesar, nos, la cultura, de, Hispanoamérica, países, los, de]

(5) 私にはスペイン へ行くためのお金が足りません。[para ir a España, me, faltar, el dinero]

【 3-6 ［補足問題］】

1 下線部には間接目的格代名詞を、（　　）内には、各文末の［　　］内の動詞を直説法現在の適切な形にして書いてください。

(1) A mí ___ (　　　　　) las películas francesas. [gustar]

(2) ¿A ti ___ (　　　　　) la muela? [doler]

(3) A mis hermanos ___ (　　　　　) viajar. [gustar]

(4) Al padre de Juana ___ (　　　　　) tiempo para estar con la familia. [faltar]

(5) A nosotros ___ (　　　　　) las culturas prehispánicas. [interesar]

(6) ¿A ti ___ (　　　　　) una cerveza? [apetecer]

(7) A mi abuelo ___ (　　　　　) la espalda. [doler]

(8) ¿Qué ___ (　　　　　) a usted si entramos en aquel cine? [parecer]

(9) A mí ___ (　　　　　) el dinero para ir a Chile. [faltar]

(10) ¿A ustedes ___ (　　　　　) bien? [parecer]

2 各文末の［　　］内の語句を使い、以下の問いの答えとなるような文を書いてください。
(練習のため動詞は省略しないこと)

(1) ¿Te gusta estudiar español? [sí]

—

(2) ¿A tus padres les gusta el béisbol? [no, el fútbol]

—

(3) ¿Te apetece un café? [sí]

—

(4) ¿Te interesan las ruinas del Imperio Inca? [sí]

—

(5) ¿Qué te parece este libro? [muy bien]

—

I **-ar** 動詞　各文末の［　　］内にある動詞を直説法点過去の適切な形にして（　　）内
に書いてください。

(1) Ayer Ana (　　　　) la casa de su amiga. [visitar]

(2) Los alumnos (　　　　) todos juntos aquel día. [cenar]

(3) Nosotros (　　　　) en el restaurante el miércoles pasado. [entrar]

(4) ¿Tú (　　　) bien sobre el asunto? [pensar]

(5) El año pasado (yo) (　　　　) a Costa Rica. [viajar]

II **-er, -ir** 動詞　各文末の［　　］内にある動詞を直説法点過去の適切な形にして（　　）
内に書いてください。

(1) Anoche nosotros (　　　　) pescado asado. [comer]

(2) El mes pasado (　　　) mucho. [llover]

(3) Nosotros (　　　) el problema el sábado pasado. [resolver]

(4) ¿(　　　) ustedes la casa? [vender]

(5) ¿(　　　) tú la lección? [entender]

(6) La semana pasada los padres de mi amigo (　　　) un supermercado.
[abrir]

(7) Yo (　　　) de casa a las cinco de la mañana ayer. [salir]

(8) ¿(　　　) tú a la boda? [asistir]

(9) Este señor (　　　　) una novela muy divertida. [escribir]

(10) El pasado mes de agosto nosotros (　　　) con la familia del tío. [vivir]

III 次の文中にある直説法現在の動詞を直説法点過去に変えて文全体を書いてください。

(1) Llevo a mi sobrina al cine.

(2) ¿Vuelves a casa muy tarde?

(3) La profesora cierra el libro de repente.

(4) Mis amigos me entienden bien.

(5) Estudiamos español en México.

(6) ¿Limpiáis la habitación?

(7) Preguntan por usted.

(8) Saco dinero del banco.

(9) El periodista ve la obra de teatro.

(10) Los señores Iglesias venden libros.

IV 各文末の［　　］内の語句を使い、必要なら適切な形にして以下の問いの答えとなるような文を書いてください。（練習のため動詞は省略しないこと）

(1) ¿Cómo pasaste el verano?　[pasar en casa de mis abuelos]

(2) ¿A qué hora desayunaste ayer?　[a las siete]

(3) ¿Qué comiste ayer para el desayuno?　[arroz y sopa de miso]

(4) ¿Leíste el libro de texto el jueves pasado?　[no]

(5) ¿Cuándo compraste el diccionario?　[en abril]

3-8 [直説法点過去不規則変化、語幹母音変化]

I 各文末の [ ] 内にある動詞を直説法点過去の適切な形にして（ ）内に書いてください。

(1) Ayer mis hermanos (　　　　　) de excursión. [ir]

(2) Anteayer nosotros (　　　　　) una reunión. [tener]

(3) Mi amigo me (　　　　　) una botella de vino. [dar]

(4) ¿(Tú) lo (　　　　　) el domingo pasado? [decir]

(5) Yo (　　　　　) olvidarla. [querer]

II 文中にある直説法現在の動詞を直説法点過去に変えて文全体を書いてください。

(1) ¿Duermes bien?

(2) Mis tíos vienen a hablar con mis padres.

(3) Reduzco la velocidad antes de llegar a la curva.

(4) Siento una alegría grande al verla.

(5) La fiesta es en la casa de mi novio.

III 次の日本語文と同じ意味になるよう、[ ] 内の語を並べ替え、適切な語形にしてスペイン語文を書いてください。動詞は直説法点過去にしてください。

(1) 私はその知らせを昨晩知った。[la noticia, saber, anoche]

(2) 私たちはその扉を開けることができ、宝を見つけた。
    [poder, encontrar, abrir, la puerta, y, el tesoro]

(3) 君は2年前どこにいましたか？[estar, tú, dónde, hace dos años]

(4) 私の友人は、その日ビデオカメラを持ってきた。
    [la videocámara, ese día, traer, mi amigo]

(5) 彼は自分のスマートフォンをどこに置きましたか？
[teléfono inteligente, poner, dónde, su]

- - - - - - - - - - - - - - - - - - -

【 3-7 ～ 3-8 [補足問題]】

1 各文末の［　］内にある動詞を直説法点過去の適切な形にして（　）内に書いてください。

(1) ¿(　　　　　) usted la puerta? [cerrar]

(2) ¿(　　　　　) tú la comida? [preparar]

(3) ¿Tú (　　　　　) bien sobre el asunto? [pensar]

(4) Ayer (yo) (　　　　　) carne asada. [comer]

(5) (　　　　　) mucho la semana pasada. [llover]

(6) Nosotros (　　　　　) al tenis el sábado pasado. [jugar]

(7) Yo (　　　　　) de casa a las seis de la mañana ayer. [salir]

(8) ¿(　　　　　) tú y Carmen a la boda de Juan? [asistir] （スペインの言い方で）

(9) Ayer Ana (　　　　　) la casa de su amiga. [visitar]

(10) El año pasado yo (　　　　　) con mi primo en Lima. [vivir]

2 文中にある直説法現在の動詞を直説法点過去に変えて文全体を書いてください。

(1) La fiesta es en casa de mi tío.

(2) Mis amigos y yo vamos de excursión.

(3) Tengo una reunión.

(4) Los padres de mi novio vienen a hablar con mi familia.

(5) No se funda Roma en un día.

- - - - - - - - - - - - - - - - - - -

3 – 9 [直説法線過去]

I 各文末の [ ] 内にある動詞を直説法線過去の適切な形にして ( ) 内に書いてください。

(1) Cuando entré en la sala, la comida ya ( ) lista. [estar]

(2) Mis padres ( ) mucho, cuando ( ) jóvenes. [viajar], [ser]

(3) La estudiante dijo que ( ) mucha fiebre. [tener]

(4) Cuando me llamó mi madre, nosotros ( ) matemáticas. [estudiar]

(5) (Yo) ( ) hacer una pregunta. [querer]

II 文中にある直説法現在の動詞を直説法線過去に変え、また各文末にある [ ] 内の語句を付け加えて文全体を書き直してください。

(1) Son las siete de la tarde. [cuando hubo el terremoto]

(2) Voy a la universidad en tren. [en aquel entonces]

(3) Creo que tu primo está contento. [esos días]

(4) ¿Cómo se llama usted? [Perdone, pero]

(5) Vamos a empezar a cenar. [cuando vino el señor]

III 次の日本語文と同じ意味になるよう各文末の [ ] 内の語を並べ替え、適切な語形にしてスペイン語文を書いてください。直説法線過去を使うところがあります。

(1) 私たちはいつも朝早く起きていました。[siempre, levantarnos, temprano]

(2) 彼らの娘たちは、外国へ旅行に行きたいと言った。
[viajar al extranjero, sus hijas, decir, querer, que]

(3) 私が君に電話をした時、君は何をしていたか？ [llamarte, cuando, qué, hacer]
— テレビを見ていた。[ver, la televisión]

(4) おじいさんは山で働いていて、おばあさんは川で洗濯をしていた。
　　[el anciano, la anciana, trabajar, en la montaña, y, en el río, lavar la ropa]

(5) 私は、両親に、私たちが幸せに暮らしていると手紙に書いた。
　　[vivir felices, escribir, a mis padres, que]

_ _ _ _ _ _ _ _ _ _ _ _ _ _ _ _ _ _

【 3-9 ［補足問題］】

1 文中にある直説法現在の動詞を直説法線過去に変え、また各文末にある［　　］内の語
　　句を付け加えて文全体を書き直してください。

(1) Estudio inglés. ［cuando me llamó mi amigo］

(2) Quiero hacer una pregunta. ［Perdone, pero］

(3) Es la una de la madrugada. ［cuando hubo el terremoto］

(4) Voy a la oficina en autobús. ［por aquel entonces］

(5) La cena ya está lista. ［cuando entré en la sala］

(6) Mi madre dice que tiene mucha fiebre.

(7) Creo que tus amigos están contentos. ［esos días］

(8) ¿Qué desea usted? ［Perdone, pero］

(9) Mi hija estudia mucho. ［cuando era joven］

(10) Vamos a empezar la fiesta. ［cuando vino mi amigo］

_ _ _ _ _ _ _ _ _ _ _ _ _ _ _ _ _ _

I 各文末の [　　] 内にある動詞を点過去か線過去の適切な形にして（　　）内に書いて
ください。

(1) Ayer yo (　　　　　) de las ocho de la mañana hasta las nueve de la tarde.
[trabajar]

(2) Cuando mi amigo me llamó, le (　　　　) un e-mail. [escribir]

(3) Su abuelo (　　　　) todos los días. [pasear]

(4) Mis colegas (　　　　) al béisbol cuatro horas el domingo pasado.
[jugar]

(5) ¿Tus compañeros (　　　　) esquiar cuando fueron a la montaña?
[saber]

II 次のお話の（　　）内に直後の [　　] 内の動詞の点過去か線過去の適切な形を書いて
ください

　Hace mucho, mucho tiempo, (　　　　) [vivir] un anciano y una anciana
cerca de un bosque de bambú. El anciano (　　　　) [fabricar] objetos de
bambú para ganarse la vida y los (　　　　) [vender] en un pueblo cercano.

　Un día, cuando el anciano (　　　　) [estar] en el bosque, (　　　)
[encontrar] a un bebé. (　　　) [ser] una niña muy bonita. La (　　　)
[llevar] a su casa. La anciana se (　　　　) [alegrar] mucho. Desde aquel
día los dos la (　　　) [cuidar] cariñosamente.

　La niña (　　　) [crecer] rápido y se (　　　　) [convertir] en una
señorita muy hermosa y elegante. Los jóvenes del pueblo (　　　) [querer]
verla y casarse con ella. El príncipe de la capital también (　　　) [venir]
a pedir la mano de la muchacha. Pero ella (　　　) [llorar] todas las noches.

　Un día la muchacha (　　　　) [decir] que no (　　　) [poder] estar ya
con sus queridos ancianos, porque (　　　) [tener] que regresar a su mundo.

　Una noche de luna llena unas personas extrañas (　　　　) [venir] a
recibirla. Aun los soldados del ejército del príncipe, no (　　　) [poder]
detenerlas. La muchacha se (　　　) [ir] al mundo de la Luna. Esta es la
historia de la princesa Kaguya.

【 3–10 ［補足問題］】

1 次の文の （　　　）内に直後の ［　　　］内にある動詞を点過去か線過去の適切な形にして書いてください。

(1) Cuando me llamaron, (yo) (　　　　　) [escribir] un e-mail.

(2) ¿Tus primos (　　　　　) [saber] nadar cuando fueron a la playa?

(3) Mi hermano (　　　　　) [leer] libros todos los días.

(4) Mis amigos y yo (　　　　　) [jugar] al béisbol cuatro horas el domingo pasado.

(5) Ayer mis colegas (　　　　　) [trabajar] de las seis de la mañana hasta las siete de la tarde.

(6) Cuando yo (　　　　　) [ser] niño, (　　　　　) [jugar] mucho con mis amigos en esta plaza.

(7) Cuando Jaime (　　　　　) [entrar] en la sala, Luis (　　　　　) [estudiar].

(8) Teresa me (　　　　　) [escribir] que su madre (　　　　　) [estar] enferma.

(9) Me escribías que (　　　　　) [ir] a viajar a Perú.

(10) Anoche Jaime (　　　　　) [estudiar] tres horas.

2 次の文の意味を考えてみよう。

(1) El año pasado fui a España.

(2) El año pasado yo iba a España.

(3) Tuve que ir al aeropuerto.

(4) Tenía que ir al aeropuerto.

(5) Pablo sabía la verdad.

(6) Pablo supo la verdad.

[現在分詞、現在進行形]

I 次の [　　] 内の動詞と estar を適切な形にして、(　　) 内に書き、現在進行形「～している」を使った文にしてください。

[buscar, dar, dormir, llover, preparar]

(1) En aquel cine (　　　　) (　　　　　　) una película muy interesante.
(2) ¿Qué hotel (　　　　) (　　　　　) tú?
(3) Nosotros (　　　　　) (　　　　　) una fiesta.
(4) (　　　　　) (　　　　　) mucho ahora.
(5) El bebé (　　　　) (　　　　　).

II 各文末の [　　] 内の動詞を現在分詞の形にして、(　　) 内に書いてください。

(1) Mi madre sigue (　　　　) en la misma oficina. [trabajar]
(2) Pasó (　　　　) el bien y (　　　　) a todos. [hacer], [curar]
(3) Vamos (　　　　), que es tarde ya. [correr]
(4) (　　　　) se va a Roma. [preguntar]
(5) (　　　　) en taxi, llegamos a tiempo. [ir]

III 次の日本語文と同じ意味になるよう各文末の [　　] 内の語を並べ替え、適切な語形にしてスペイン語文を書いてください。現在分詞を使ってください。

(1) 私たちは今、スペイン語を勉強しているところです。
[ahora, estudiar, estar, español]

(2) まだ雨が降り続いています。[llover, todavía seguir]

(3) 君は走って行かなければなりません。[correr, tener que ir]

(4) その子供たちは、歌を歌いながら公園で散歩していた。
[los muchachos, pasear, cantar, en el parque]

(5) あなた方は、バスケットボールを練習しているのですか？
[ustedes, practicar baloncesto, estar]

【 3-11 ［補足問題］】

1 各文末の［　］内にある動詞を現在分詞にして（　）内に書いてください。

(1) Estoy (　　　　　) la comida. [preparar]

(2) ¿Cuánto tiempo lleva usted (　　　　　) en la empresa? [trabajar]

(3) Sigues (　　　　　). [hablar]

(4) Estuve (　　　　　) una revista en la habitación. [leer]

(5) Mi hermana estudia (　　　　　) la radio. [escuchar]

2 各文末の［　］内にある動詞を現在分詞にして（　）内に書いてください。

(1) Están (　　　　　) una comida especial. [preparar]

(2) Salió el sol. Ahora no está (　　　　　). [llover]

(3) En este cine está (　　　　　) una película japonesa. [dar]

(4) ¿Qué hospital está usted (　　　　　)? [buscar]

(5) Los bebés están (　　　　　) en la cuna. [dormir]

(6) Todavía tenemos tiempo. Vamos (　　　　　). [andar]

(7) Mi hermana sigue (　　　　　) en el mismo hotel. [trabajar]

(8) Unas muchachas andaban (　　　　　) en la calle. [charlar]

(9) (　　　　　) se alegran los corazones. [cantar]

(10) (　　　　　) en tren, no llegamos tarde. [ir]

3-12 [過去分詞、現在完了]

I 次の [　　] 内の動詞と haber を適切な形にして、(　　) 内に書き、現在完了の文にしてください。

[comer, escribir, terminar, ver, viajar]

(1) Nosotros (　　　　) (　　　　　　) mucho hoy.
(2) ¿Tú (　　　　) (　　　　　) ya el trabajo?
(3) ¿(　　　　) (　　　　　) usted alguna película japonesa?
(4) ¿Ustedes (　　　　) (　　　　　) ya el mensaje a sus tíos?
(5) Mis padres no (　　　　) (　　　　) por Chile.

II 各文末の [　　] 内にある動詞を過去分詞の適切な形にして (　　) 内に書いてください。

(1) Ellos han (　　　　) ya todas las ventanas. [abrir]
(2) Todas las ventanas están (　　　　). [abrir]
(3) La muchacha ya ha (　　　) la televisión. [apagar]
(4) La televisión está (　　　) ahora. [apagar]
(5) Su prima se ha (　　　) enfermera. [hacer]
(6) Esta película está bien (　　　　). [hacer]
(7) Ha (　　　　) una semana desde que empecé a vivir aquí. [pasar]
(8) Fuimos de excursión la semana (　　　　). [pasar]
(9) Las chicas están (　　　　). [cansar]
(10) Tienes un problema muy (　　　　). [complicar]

III 次の日本語文と同じ意味になるよう各文末の [　　] 内の語を並べ替え、適切な語形にしてスペイン語文を書いてください。現在完了を使ってください。

(1) あなた方はガリシア風タコを食べてみたことがありますか？
[el pulpo a la gallega, haber, probar, ustedes]

(2) 君のお姉さんはもう家へ帰りましたか？ [haber, volver, a casa, tu hermana, ya]

(3) そのバスが到着した。[el autobús, haber, llegar]

(4) 今月は雨がたくさん降った。[haber, llover, este mes, mucho]

(5) マスクを使うことが必要だと私たちは言ってきた。
　　[haber, decir que, ser necesario, usar mascarilla]

- -

【 3-12 ［補足問題］】

1 次の［　　］内の動詞と haber を適切な形にして（　　）内に書き、現在完了の文にしてください。

　　[abrir, poner, aprender, escribir, hablar, hacer, pasar, terminar,
　　ver, viajar]

(1) Él (　　　　) (　　　　　　) ya todas las ventanas.
(2) Mis padres ya (　　　　　) (　　　　　) la televisión.
(3) ¿(　　　　　) (　　　　　　　) (tú) alguna película japonesa?
(4) ¿ (　　　　　) (　　　　　　) usted ya el mensaje a su tía?
(5) Yo no (　　　　　) (　　　　　) por Venezuela.
(6) Nosotros (　　　　) (　　　　　) mucho hoy.
(7) ¿(　　　　　) (　　　　　) ya ustedes el trabajo?
(8) Su primo se (　　　　) (　　　　　) médico.
(9) (　　　　　) (　　　　　　) un mes desde que empecé a vivir aquí.
(10) Nosotros (　　　　) (　　　　　　) con usted muchas veces sobre este
　　problema.

2 次の格言の意味を考えてみよう。

(1) Quien no ha visto Sevilla, no ha visto maravilla. （quien ～する／した人）

(2) Del dicho al hecho hay gran trecho. （trecho 隔たり）

- - - - - - - - - - - - - - - - - - -

3-13 [直説法未来、未来完了]

I 各文末の [   ] 内にある動詞を直説法未来の適切な形にして（   ）内に書いてください。

(1) El señor (　　　　　) pescado mañana. [comer]

(2) ¿Tú (　　　　　) a la conferencia de la semana que viene? [asistir]

(3) ¿Dónde (　　　　　) mis hijos ahora? [estar]

(4) Nosotros también (　　　　　) en esta sala. [caber]

(5) Yo (　　　　) aquí el mes próximo. [venir]

II （   ）内に直後の [   ] 内にある動詞の直説法未来の適切な形を書いてください。

Yo quiero a Teresa de todo corazón. Mañana le digo que la quiero. Pero (yo) no la (　　　　　)[ver] mañana, sino pasado mañana. Pasado mañana voy a decirle que la quiero. Pero probablemente tampoco (yo) la (　　　　　)[ver] pasado mañana. Algún día (yo) le (　　　　　)[decir] que la quiero. Pero, ¿me (　　　　　)[querer] Teresa? Si Teresa no me quiere, ¿qué (　　　　　)[hacer] yo? A lo mejor no le digo que la quiero.

III （   ）内に **haber** の直説法未来と各文末の [   ] 内の動詞の過去分詞を書いて未来完了の文にしてください。

(1) El lunes próximo nosotros (　　　)(　　　　) este trabajo. [terminar]

(2) Dentro de un mes yo (　　　)(　　　　) una novela. [escribir]

(3) ¿Tú (　　　)(　　　　) *Cien años de soledad*? [leer]

(4) Ustedes hablan español muy bien. Lo (　　　)(　　　　) mucho. [estudiar]

(5) Ya mis hermanos (　　　)(　　　　) a la estación a estas horas. [llegar]

【 3-13 ［補足問題］】

1 各文末の［　］内にある動詞を直説法未来の適切な形にして（　）内に書いてください。

(1) ¿Tú (　　　　) a la clase la semana que viene? [asistir]

(2) Nosotros (　　　　) aquí el mes próximo. [venir]

(3) ¿Dónde (　　　　) mi madre ahora? [estar]

(4) Ustedes también (　　　　) en esta sala. [caber]

(5) (Yo) (　　　　) con la familia de mi amigo mañana. [comer]

2 （　）内に **haber** の直説法未来と各文末の［　］内の動詞の過去分詞を書いて未来完了の文にしてください。

(1) Dentro de un mes la señora (　　　) (　　　) una novela. [escribir]

(2) El martes (yo) (　　　) (　　　) este trabajo. [terminar]

(3) ¿Ustedes (　　　) (　　　) *La muerte de Artemio Cruz* de Carlos Fuentes? [leer]

(4) Ya mi hermano (　　　) (　　　) a la casa de su novia a estas horas. [llegar]

(5) Usted (　　　) (　　　) español mucho. [estudiar]

3 スペイン語で答えてください。

(1) ¿A dónde irás en las vacaciones de verano?
[例えば algún país de habla hispana]
—

(2) ¿Qué preparará tu padre para la cena de hoy?
[例えば algún plato de cocina española]
—

(3) ¿Cuándo será la próxima Exposición Universal?

(4) ¿Habrá algún restaurante bueno cerca de aquí?
—

(5) ¿Estará tu madre en casa ahora?
—

第3章 動詞 (3-13) 直説法未来、未来完了

3-14 [直説法過去未来、過去未来完了、過去完了]

I 各文末の [ ] 内にある動詞を過去未来の適切な形にして（ ）内に書いてください。

(1) ( ) ver al Señor Gómez. [desear]

(2) ( ) hacer una pregunta. [querer]

(3) ¿( ) decirme cómo se llama usted? [poder]

(4) Mi hija dijo que no ( ) en casa esta noche. [comer]

(5) ( ) las tres de la madrugada cuando sonó el teléfono. [ser]

II 下線部の動詞を各文末の [ ] に指定した時制にして全文を書き換えてください。

(1) <u>Cree</u> que llueve. [直説法線過去]

(2) <u>Cree</u> que lloverá. [直説法線過去]

(3) <u>Dice</u> que sale para Ecuador. [直説法点過去]

(4) <u>Dice</u> que saldrá para Ecuador. [直説法点過去]

(5) No <u>sé</u> si Ana vendrá o no. [直説法線過去]

(6) <u>Pienso</u> que la cantante regresa a su país. [直説法点過去]

(7) <u>Pienso</u> que la cantante regresará a su país. [直説法点過去]

(8) <u>Pienso</u> que la cantante ha regresado a su país. [直説法点過去]

(9) <u>Pienso</u> que la cantante habrá regresado a su país. [直説法点過去]

(10) Cuando <u>llego</u> a la estación, el tren ya ha salido. [直説法点過去]

【 3-14 ［補足問題］】

1 下線部の動詞を各文末の ［　 ］ 内で指定した時制にして全文を書き換えてください。

(1) <u>Creo</u> que hace buen tiempo. ［直説法線過去］

(2) <u>Cree</u> que hará buen tiempo. ［直説法線過去］

(3) Daniel <u>dice</u> que sale de casa a las siete. ［直説法点過去］

(4) <u>Dices</u> que Daniel saldrá de casa a las siete. ［直説法点過去］

(5) No <u>sé</u> si mi novia vendrá o no. ［直説法線過去］

(6) <u>Pienso</u> que la bailarina vuelve a su país. ［直説法点過去］

(7) <u>Pienso</u> que la bailarina volverá a su país. ［直説法点過去］

(8) <u>Pienso</u> que la bailarina ha vuelto a su país. ［直説法点過去］

(9) <u>Pienso</u> que la bailarina habrá vuelto a su país. ［直説法点過去］

(10) Cuando la amiga de mi hermano <u>viene</u> a casa, mi hermano ya ha salido.
［直説法点過去］

I 各文末の [   ] 内にある動詞を接続法現在の適切な語形にして（   ）に書いてください。

(1) Deseo que (tú) (   ) mucho. [estudiar]

(2) Sentimos que ustedes (   ) que volver a Cuba tan pronto. [tener]

(3) No creo que (nosotros) (   ) encontrar la casa de la señora. [poder]

(4) (   ) usted más alto, por favor. [hablar]

(5) No se (   ) usted, por favor. [ir]

II 次の日本語文と同じ意味になるよう各文末の [   ] 内の語を並べ替え、適切な語形にしてスペイン語文を書いてください。

(1) これからも時々君が私に会いに来て欲しい。
[verme, de vez en cuando, de aquí en adelante, a, que, querer, venir]

(2) 彼はピラールの家のパーティーに来るようにと私に言っている。
[la, la, casa, fiesta, Pilar, me, a, de, de, que, decir, venir]

(3) あなたが元気で私は嬉しい。
[salud, usted, me, de, de, que, bien, alegrar, estar]

(4) 私たちはすぐに病院へ行くほうが良い。
[al, hospital, mejor, enseguida, que, ir, ser]

(5) おばさんの家に着いたら、(彼女に)このケーキをあげてください。
[la, casa, pastel, tía, su, este, a, de, cuando, darle, llegar]

III 次の日本語文と同じ意味になるよう各文末の [   ] 内の語を並べ替え、適切な語形にしてスペイン語文を書いてください。

(1) 君が生物化学の勉強を続けることができるよう、私は君を援助する。
[bioquímica, ayudar, te, para que, poder, estudiar, seguir]

(2) ここにはスペイン語を話す人は誰もいないのですか?
[nadie, no, haber, hablar, español, aquí, que]

(3) 彼がそのようなことを言うとは私には不思議だ。
[tal cosa, me extraña que, decir]

(4) ここの近くに良い病院があるとは思いません。
[un buen hospital, no, creer, haber, cerca de aquí, que]

(5) あなたがすぐに回復されるよう願っています(お大事に)。
[mejorarse pronto, esperar, usted, que]

- - - - - - - - - - - - - - - - - - - -

【 3-15 [補足問題]】

1 各文末の [ ] 内にある動詞を接続法現在の適切な形にして ( ) 内に書いてください。

(1) Deseamos que usted ( ) mucho. [estudiar]

(2) ( ) usted más alto, por favor. [hablar]

(3) No te ( ) (tú), por favor. [ir]

(4) Quiero que mis hijos ( ) a verme de vez en cuando. [venir]

(5) Es mejor que ustedes ( ) al médico enseguida. [ir]

(6) Me alegro de que tú ( ) bien. [estar]

(7) Siento que ustedes ( ) que volver a casa tan pronto. [tener]

(8) No creo que ustedes ( ) encontrar el hotel. [poder]

(9) Cuando usted ( ) [llegar] a Nagoya, ( ) por mi casa, por favor. [pasar]

(10) Esperamos que nuestra hija ( ) éxito en el trabajo. [tener]

(11) No tengo ningún amigo que ( ) hablar árabe. [saber]

(12) Sus padres trabajan mucho para que ella ( ) estudiar en la universidad. [poder]

(13) ¡Que te ( ) bien! [ir]

(14) Daniel pide a Naomi que le ( ) japonés. [enseñar]

(15) ¡Ojalá ( ) buen tiempo mañana! [hacer]

- - - - - - - - - - - - - - - - - - - -

3-16 [接続法過去、接続法現在完了、接続法過去完了]

I 各文末の [　　] 内にある動詞を接続法過去の適切な形にして（　　）内に書いてください。

(1) Me gustaría que tú (　　　　　) medicina. [estudiar]

(2) Dijo que era posible que ellos lo (　　　　). [hacer]

(3) Me gustó que (nosotros) nos (　　　　) hablar directamente. [poder]

(4) No creo que él (　　　) a casa ayer. [llegar]

(5) (　　　　　) pedirle a usted un favor. [querer]

II それぞれの語句に、後続の文をつけて一文に書き直してください。

(例) Siento que …+ Están enfermos. → *Siento que estén enfermos.*

(1) Se alegró de que …+ Su hijo estudia mucho.
　　→

(2) No creo que …+ Hemos logrado un gran éxito.
　　→

(3) Dudan que …+ Ha estado en Paraguay.
　　→

(4) Esperaba que …+ Han llegado a la estación a tiempo.
　　→

(5) Temíamos que …+ Se han perdido en el camino.
　　→

III 下線部の動詞を直説法点過去にして全文を書き換えてください。

(1) Les <u>mando</u> que me traigan la cámara.

(2) Me <u>aconseja</u> que lea el artículo.

(3) No <u>creo</u> que hayan terminado el trabajo.

(4) <u>Temo</u> que haya empezado la guerra.

(5) <u>Salen</u> antes de que empiece a llover.

【 3-16 [補足問題]】

1 下線部の動詞を各文末の［　　］内で指定した時制にして全文を書き換えてください。

(1) Les <u>pido</u> que me traigan las fotos.［直説法点過去］

(2) <u>Tememos</u> que haya empezado la guerra.［直説法点過去］

(3) Mi hijo <u>vuelve</u> a casa antes de que haya preparado la cena.［直説法点過去］

(4) <u>Quiero</u> que tú estudies derecho.［直説法線過去］

(5) Me <u>aconsejan</u> que lea el artículo.［直説法点過去］

(6) No <u>creo</u> que hayan terminado el trabajo.［直説法点過去］

(7) <u>Es</u> posible que ellos lo hagan.［直説法線過去］

(8) Me <u>alegro</u> de que nos podamos hablar por teléfono.［直説法点過去］

(9) <u>Dudan</u> que haya estado en Uruguay.［直説法線過去］

(10) <u>Quiero</u> pedirle a usted un favor.［接続法過去］

Suplemento 3

Meses del año

enero	febrero	marzo	abril	mayo
junio	julio	agosto	septiembre	octubre
noviembre	diciembre			

Días de la semana

el lunes	el martes	el miércoles	el jueves
el viernes	el sábado	el domingo	

Estaciones del año

(la) primavera   (el) verano   (el) otoño   (el) invierno

Direcciones

el norte   el sur   el este   el oeste

第4章　文
(p. 50〜63)

★Suplemento　4 — Los países y sus adjetivos

4−1 [疑問文、疑問詞]

I 次の文が答えになるような疑問文を書いてください。下線部は強く発音している部分です。

(1) Sí, nosotros estudiamos español en la universidad. （スペインでの言い方で）

(2) No, ella no habla portugués.

(3) Mis amigos leen <u>revistas</u>.

(4) Vivimos <u>en Caracas</u>. （中南米での言い方で）

(5) Nuestro profesor es <u>de México</u>. （質問者も回答者と同じクラス）

(6) La conferencia empieza <u>a las tres y media</u>.

(7) Vengo a la universidad <u>en tren</u>.

(8) Están buscando <u>al señor Fernández</u>.

(9) La entrada cuesta <u>5.000 yenes</u>.

(10) Vamos a ir a Cuba <u>el año que viene</u>. （スペインでの言い方で）

II 次の日本語文と同じ意味になるよう [　　] 内の語を並べ替え、適切な語形にしてスペイン語文を書いてください。

(1) 5月5日は何の日ですか？ [el cinco de mayo, qué, día, ser] ── こどもの日です。 [Día de los Niños, ser, el]

(2) 女の子の日はないのですか？ [Día de las Niñas, no, haber] ── 3月3日に祝います。 [celebrarse, el tres de marzo]

(3) こどもの日をどのように祝うのですか？ [celebrarse, el Día de los Niños, cómo] ── 男の子の家では、コイの形をしたのぼりを飾ります。 [estandartes en forma de carpa, en las casas de los niños, poner]

(4) コイは何を象徴していますか？ [la carpa, simbolizar, qué] ─ コイは滝を登る力
を持っていると言われています。[una cascada, la fuerza, decir, que, las
carpas, tener, para, subir] 親は、コイのような子供の健康と出世を望んでいます。
[el éxito social, la salud, los padres, desear, y, de sus hijos]

(5) その日には何を食べますか？ [ese día, comer, qué] ─ 私たちはお米でできた特
別なお菓子を食べます。[dulces especiales de arroz, comer]

_____

【 4-1 ［補足問題］】

1 次の文が答えになるような疑問文を書いてください。下線部は強く発音している部
分です。

(1) Sí, hablo inglés. (tú を使う相手で)

(2) No, no vivimos en Barcelona. (中南米の言い方で)

(3) Mi hermano lee el periódico. (tú を使う相手で)

(4) Vivo en Osaka. (usted を使う相手で)

(5) Nuestro profesor es de Panamá. (スペインの言い方で) (質問者と回答者は別のクラス)

(6) La clase empieza a las nueve y diez.

(7) El plato cuesta 3.000 yenes.

(8) El profesor viene a la universidad en coche.

(9) El niño está buscando a sus padres.

(10) Mis primos van a ir a Chile el mes que viene. (tú を使う相手で)

_____

4-2 [否定文、否定語、不定語]

I 次の疑問文に、各文末の [　　] 内の語を必要なら適切な形にし、動詞の後で使い、答えの文を書いてください。動詞は省略しないでください。

(1) No tengo sueño. ¿Tú tienes sueño? [tampoco]

(2) ¿Hay alguien aquí? [nadie]

(3) ¿Tienen ustedes alguna cerveza en la cocina? [ninguno]

(4) ¿Quieres algo de comer? [nada]

(5) ¿Estudias español todos los días? [no]

II 次の日本語文と同じ意味になるよう各文末の [　　] 内の語を並べ替え、適切な語形にしてスペイン語文を書いてください。

(1) このクラスの全ての学生が中国語を話すのではない。
[chino, de esta clase, no todos los estudiantes, hablar]

(2) このクラスでは一人の学生も中国語を話さない。
[chino, de esta clase, ningún estudiante, hablar]

(3) 誰も真実を知らない。 [la, verdad, nadie, saber]
誰もが何も知らない。 [nada, nadie, saber]

(4) このクラスの何人かはスペインに行った（居た）ことがある。
[clase, estar en España, esta, algunos, de, haber]

(5) このクラスの誰もスペインに行った（居た）ことがない。
[clase, estar en España, esta, ninguno, de, haber]

III 次の日本語文と同じ意味になるよう各文末の［　　］内の語を並べ替え、適切な語形にしてスペイン語文を書いてください。

(1) 私は少し踊れる。 [algo, saber, bailar]
しかし、全く歌えない。 [nada, pero, no, saber, cantar]

(2) その女の子たちの誰かがとても上手に絵を描く。
[alguna, dibujar, muy bien, las muchachas, de]

(3) 何人かの女の子たちがとても上手に絵を描く。
[algunas muchachas, dibujar, muy bien]

(4) 私はお金も時間も持っていない。 [dinero, tiempo, ni, no, tener]

(5) これらの出来事は決して二度と繰り返されないだろう。
[repetirse, nunca más, estos hechos, no]

_ _ _ _ _ _ _ _ _ _ _ _ _ _ _ _ _ _ _

【 4−2 ［補足問題］】

1 次の疑問文に否定で答えてください。

(1) ¿Habla usted portugués?

(2) ¿Comen ustedes carne cruda?

(3) ¿Entienden inglés todos los japoneses?

(4) ¿Has estado en México?

(5) ¿Hay alguien en la sala?

_ _ _ _ _ _ _ _ _ _ _ _ _ _ _ _ _ _

4-3 [関係代名詞]

I 次の二つの文を関係代名詞で結びつけて一つの文にしてください。

(1) La señora está allí. La señora es la madre de Carlos.

(2) Al fondo se ve la oficina. Usted está buscando la oficina.

(3) Esta es la sala. En la sala estudiaron ilustres personajes.

(4) Mi amiga no habla español. Viajé con mi amiga a Guatemala.

(5) Esta es la catedral. El ayuntamiento está en frente de la catedral.

II 次のスペイン語文の意味を考えてください。

(1) Buscan a la secretaria que habla español.

(2) Buscan una secretaria que hable español.

(3) Él tiene muchos amigos que le escuchan.

(4) Él no tiene ningún amigo que le escuche.

(5) No dejes para mañana lo que puedas hacer hoy.

III 次の日本語文と同じ意味になるよう各文末の[　　]内の語を並べ替え、適切な語形にしてスペイン語文を書いてください。

(1) 学生たちは遠くに住んでいるので遅刻する。
   [los, estudiantes, que, tarde, lejos, llegar, vivir, コンマを2つ使用]

(2) 遠くに住んでいる学生たちは遅刻する。
   [los, estudiantes, que, tarde, lejos, llegar, vivir]

(3) こちらが昨日君に話したご夫妻です。
   [los, señores, te, este, quien, de, ayer, hablar, ser]

(4) 私と一緒に行きたい人は手を挙げて。
   [la, mano, conmigo, el que, levantar, querer, venir]

(5) あなた方が言っていることは良く理解できます。
   [ustedes, lo que, bien, decir, entender]

_____

【 4 – 3 ［補足問題］】

1 次の二つの文を関係代名詞で結びつけて一つの文にしてください。

(1) Voy a comprar el diccionario. El profesor hablaba del diccionario.

(2) Tengo un sombrero. Mi tío me compró el sombrero.

(3) Esta es la sala. En la sala estudiamos mis compañeros y yo.

(4) Este es el ayuntamiento. Mi padre trabaja en el ayuntamiento.

(5) Esta es la casa. En la casa Cervantes escribió el Quijote.

_____

4-4 [命令文]

I 次の文を命令文に書き換えてください。

(1) Usted canta. →

(2) Tú cantas. →

(3) Tú no lloras. →

(4) Vosotros cantáis. →

(5) Vosotros no lloráis. →

II 次の文を命令文に書き換えてください。

(1) Usted lo come. →

(2) Usted no lo come. →

(3) Ustedes lo comen. →

(4) Tú lo comes. →

(5) Tú no lo comes. →

III 次の文を命令文に書き換えてください。

(1) Usted me lo dice. →

(2) Usted no me lo dice. →

(3) Ustedes me lo dicen. →

(4) Tú me lo dices. →

(5) Tú no me lo dices. →

IV 次の日本語文と同じ意味になるよう各文末の [　] 内の語を並べ替え、適切な語形にしてスペイン語文を書いてください。

(1) 君ここ、このソファに座りなよ。 [aquí, en, este, sentarse, sofá]

(2) 君、自動車に気を付けて。 [coches, con, cuidado, los, tener]

(3) そのことをよく考えてください。 [bien, pensarlo, usted]

(4) 私のことを忘れないでください。 [olvidarme, no, usted]

(5) 君に物事がうまくいきますように。 [bien, irse, que]

【 4-4 ［補足問題］】

1 （　　　）内に直後の［　　　］内の動詞を命令の適切な形にして書いてください。

Hace mucho mucho tiempo, vivía un pescador llamado Urashima Taro en un pueblo cerca de la playa. Un día, el pescador encontró unos niños que trataban mal a una tortuga. Urashima les dijo:

— ¡（　　　　）[oír], no （　　　　　）[tratar] mal a la pobre tortuga!

Se la compró a los niños y la soltó en el mar. Unos días después, cuando Urashima estaba pescando en su barca, oyó una voz.

— Urashima-san, Urashima-san.

Era la tortuga que salvó su vida Urashima.

— Muchas gracias por salvarme el otro día. Como agradecimiento, le llevo al Palacio del Dragón. （　　　　　）[venir] usted conmigo.

Urashima se montó en la tortuga, que fue nadando hacia el fondo del mar. Ahí vio un palacio majestuoso. Lo recibió una hermosa princesa Otohime. En el Palacio, le sirvieron deliciosas comidas, mientras los peces bailaban danzas. Han pasado los días agradables como un sueño.

2 （　　　）内に直後の［　　　］内の動詞を命令（と代名詞）の適切な形にして書いてください。

Un día Urashima decidió regresar a su casa. La princesa le dijo:

— No （　　　　）[irse] (usted), （　　　　　）[quedarse] aquí para siempre.

Pero la decisión de Urashima era firme. La princesa le dijo:

— （　　　　）[llevar] (usted) esta caja de tesoro, pero no （　　　　）[abrirla] jamás.

Cuando Urashima llegó a su pueblo, todo estaba distinto. No pudo encontrar su casa. Preguntó a una persona:

— （　　　　）[decirme] (usted) dónde está la casa de Urashima Taro.

— ¿Urashima Taro? Hace unos cien años, había una persona con ese nombre, pero un día fue al mar a pescar y no regresó más.

Urashima se asustó mucho y muy triste. En la playa abrió la caja de tesoro. En ese momento, salió de la caja un humo blanco, convirtiéndolo en un anciano de pelo blanco.

4-5 [比較]

I 例にならって比較を使った一文で表現してください。

(例) Carmen es alta. Guillermo es bajo.
→ *Carmen es más alta que Guillermo.*

(1) Llevo un traje barato. Mi hermano lleva uno caro.
→

(2) Nuestra universidad es nueva. La de ustedes es vieja.
→

(3) Estos coches son buenos. Aquellos son malos.
→

(4) Tengo muchos libros. Mi amigo tiene pocos libros.
→

(5) Me levanto temprano. Mi hija se levanta tarde.
→

(6) Mi perro corre muy rápido. El tuyo no corre rápido.
→

(7) La señorita habla español muy bien. Yo no lo hablo bien.
→

(8) Esta catedral es muy alta. Aquel edificio es muy alto también.
→

(9) Mi prima compra muchos dulces. Aquella señorita también compra muchos dulces.
→

(10) Mi novia habla mucho. Mi hermano habla mucho también.
→

II 次の日本語文と同じ意味になるよう各文末の [   ] 内の語を並べ替え、適切な語形にしてスペイン語文を書いてください。

(1) この問題は、あれよりも重要です。
[más importante, este problema, ser, que, aquel]

(2) このお城は日本で最も古いです。[el, castillo, este, ser, más, antiguo, de Japón]

(3) これはこの地区で最も良いレストランの一つです。

    [barrio, este, ser, los mejores restaurantes, en, este, uno, de]

(4) あなたは誰よりもよく勉強する。[usted, estudiar, nadie, más, que]

(5) 彼女たちは、私たちよりも年下です。[nosotros, que, menor, ser, ellas]

【 4–5 ［補足問題］】

1 比較を使って二つの文を一文で表現してください。

(1) Este castillo es alto. Aquella torre es baja.

    →

(2) Estos zapatos son caros. Esos son baratos.

    →

(3) Juan es muy rico. Jorge es muy rico también.

    →

(4) Estas bicicletas son buenas. Aquellas son malas.

    →

(5) Mi esposa se levanta muy temprano. Me levanto muy temprano también.

    →

2 次の格言の意味を考えてみよう。

(1) Más vale tarde que nunca.

(2) No hay libro tan malo que no tenga algo bueno.

---

4 – 6 [感嘆文、絶対最上級 (-ísimo)、示小辞 (-ito)]

I 次の文の **muy** を消して感嘆文に書き直してください。

(1) Muy bien.

(2) Tengo muy buena suerte.

(3) Eres muy hermosa.

(4) Usted habla alemán muy bien.

(5) Tienes un vestido muy bonito.

II 次の文中の形容詞（下線の語）に絶対最上級 **[-ísimo]** の語尾を付け適切な形にしてください。

(1) En esta ciudad hay una estatua <u>grande</u>.

(2) Marta es de una familia <u>rica</u>.

(3) Tenemos unos problemas <u>difíciles</u> de resolver.

(4) "Soy <u>feliz</u>." dijo la señora.

(5) Las enfermeras del hospital son <u>amables</u>.

III 次の文中の下線の引いてある語に示小辞 **[-ito]** の語尾を付け適切な形にしてください。

(1) Tenemos un <u>perro</u> en casa.

(2) Espera un <u>momento</u>, por favor.

(3) Tenemos un nieto. Ya somos <u>abuelos</u>.

(4) Tráigame una cerveza <u>fresca</u>.

(5) ¿Por qué estás <u>callado</u>?

- - - - - - - - - - - - - - - - - - -

【 4-6 ［補足問題］】

1 次の文を感嘆文に書き直してください。

(1) Muy bueno.
→

(2) Tienes muy buena suerte.
→

(3) Usted es muy hermosa.
→

(4) Ustedes hablan japonés muy bien.
→

(5) Ella tiene un vestido muy bonito.
→

2 次の文中の下線の引いてある語に各文末の［　］内の語尾を付け適切な形にしてください。

(1) Junto a la catedral hay una torre <u>alta</u>. [-ísimo]
→

(2) Este es un problema <u>difícil</u>. [-ísimo]
→

(3) La anciana siempre dice: "Soy <u>feliz</u>." [-ísimo]
→

(4) Tenemos un <u>gato</u> en casa. [-ito]
→

(5) Quédese aquí un <u>momento</u>, por favor. [-ito]
→

- - - - - - - - - - - - - - - - - - -

4 – 7 [条件文]

I 各文末の [　　] 内にある動詞を適切な形にして（　　）内に書いてください。

(1) Si (tú) (　　　　　　), descansamos un poco en esta cafetería. ［querer］

(2) Si ustedes (　　　　　) mañana también, suspendemos este trabajo para hoy y lo continuaremos mañana. ［venir］

(3) Si el ingeniero no (　　　　) enfermo, podría hablar con usted. ［estar］

(4) Si nosotros (　　　　　) dinero entonces, te habríamos ayudado a ir a Sudamérica. ［haber tenido］

(5) Si (yo) no (　　　　　) entonces, ahora yo no trabajaría aquí. ［haber estudiado］

II 和訳してください。

(1) Si yo tenía tiempo, siempre estudiaba inglés.

(2) Si hubiera estudiado más matemáticas, ¿habría decidido estudiar la misma carrera que Rosa?

(3) Si la hubiera invitado a salir, ¿estaría en el cine con ella ahora?

(4) Si yo estuviera con ella, sería muy feliz.

(5) Si termino estos ejercicios, la llamaré por teléfono.

III 次の日本語文と同じ意味になるよう各文末の [　　] 内の語を並べ替え、適切な語形にしてスペイン語文を書いてください。

(1) もし君があす時間あるのなら、遠足にでかけよう。
[tener tiempo, salir de excursión, si, mañana]

(2) 私は、もしよく勉強していなかったら、試験に合格しなかっただろう。
[estudiar bien, aprobar el examen, si, no, haber, no, haber]

(3) もし私たちが環境汚染を減少させなかったら、私たちはこれ以上生きることができない
でしょう。[la contaminación del medio ambiente, reducir, si, no poder,
no, más, vivir]

(4) もし国際社会が貧困の問題を解決したら、世界平和を維持できるでしょう。
[la sociedad internacional, el problema de la pobreza, resolver, la paz
del mundo, mantener, si, poder]

(5) もし私が知事なら、国際理解のための教育を普及させるのだが。
[gobernador, la comprensión internacional, propagar, si, yo, ser, la
educación, para]

_ _ _ _ _ _ _ _ _ _ _ _ _ _ _ _ _ _ _

【 4-7 ［補足問題］】

1 各文末の［　　］内にある動詞を適切な形にして（　　）内に書いてください。

(1) Si (tú) (　　　　　　) comer, entramos en este restaurante. [querer]

(2) Si ustedes (　　　　　　) venir mañana, hablaremos de eso. [poder]

(3) Si yo (　　　　　　) tiempo en aquel entonces, siempre estudiaba
matemáticas. [tener]

(4) Si mi padre no (　　　　　　) enfermo, podría viajar conmigo. [estar]

(5) Si nosotros (　　　　　　) dinero entonces, habríamos comprado la casa.
[haber tenido]

(6) Si yo no (　　　　　　) a estudiar en México, ¿sabría español como ahora?
[haber ido]

(7) Si (tú) (　　　　　　), tocarás mejor la guitarra. [practicar]

(8) Si (yo) no (　　　　　　) entonces, ahora yo no trabajaría aquí.
[haber estudiado]

(9) Si no (　　　　　　) hoy, saldríamos de paseo. [llover]

(10) Si (ellos) (　　　　　　) el trabajo, empezamos la fiesta con ellos.
[haber terminado]

_ _ _ _ _ _ _ _ _ _ _ _ _ _ _ _ _ _ _

Suplemento 4

Argentina	argentino, -na
Bolivia	boliviano, -na
Chile	chileno, -na
Colombia	colombiano, -na
Costa Rica	costarricense
Cuba	cubano, -na
Ecuador	ecuatoriano, -na
El Salvador	salvadoreño, -ña
España	español, -la
Guatemala	guatemalteco, -ca
Guinea Ecuatorial	ecuatoguineano, -na
Honduras	hondureño, -ña
México	mexicano, -na
Nicaragua	nicaragüense
Panamá	panameño, -ña
Paraguay	paraguayo, -ya
Puerto Rico	puertorriqueño, -ña
República Dominicana	dominicano, -na
Uruguay	uruguayo, -ya
Venezuela	venezolano, -na
Japón	japonés, -sa
China	chino, -na
Corea del Sur	(sur)coreano, -na
Vietnam	vietnamita
Filipinas	filipino, -na
Brasil	brasileño, -ña

第5章　その他
(p. 66〜75)

★Suplemento 5 — La familia

第5章　その他

5-1 [muy と mucho]

I （　　）内に **muy** か **mucho** のいずれかを適切な形にして書いてください。

(1) ¿Cómo estás? — Estoy (　　　　　　) bien, gracias, y ¿tú?

(2) Es una bolsa (　　　　　) pesada.

(3) Hace (　　　　　) calor.

(4) El niño llora (　　　　　).

(5) Tengo (　　　　　) hambre.

5-2 [bien と bueno]

I （　　）内に **bien** か **bueno** のいずれかを適切な形にして書いてください。

(1) La secretaria trabaja (　　　　　).

(2) ¿Ya nos vamos? — Está (　　　　　), vámonos.

(3) El empleado es (　　　　　) trabajador.

(4) La carne está (　　　　　) hoy.

(5) La carne está (　　　　　) hecha.

5-3 [qué と cuál]

I （　　）内に **qué** か **cuál** のいずれかを適切な形にして書いてください。

(1) どんなノートが欲しいですか？

　　¿(　　　　　) cuaderno quieres?

(2) これらのノートのうちどれが欲しいですか？

　　¿(　　　　　) de estos cuadernos quieres?

(3) 君のノートはどれですか？

　　¿(　　　　　) es tu cuaderno?

(4) 詩とは何か？

　　¿(　　　　　) es poesía?

(5) 君の名前は何ですか？

　　¿(　　　　　) es tu nombre?

_____

【 5－1 ［補足問題］】

1 （　　）内に **muy** か **mucho** のいずれかを適切な形にして書いてください。

(1) Es un vestido (　　　　　) bonito.

(2) Hace (　　　　) frío.

(3) No me gusta la cerveza (　　　　) fría.

(4) Tengo (　　　　) sed.

(5) La muchacha no come (　　　　　).

【 5－2 ［補足問題］】

1 （　　）内に **bien** か **bueno** のいずれかを適切な形にして書いてください。

(1) El empleado trabaja (　　　　).

(2) El pescado está (　　　) hoy.

(3) El pescado está (　　　) asado.

(4) Es (　　) que hagas ejercicio y duermas (　　　　).

【 5－3 ［補足問題］】

1 （　　）内に **qué** か **cuál** のいずれかを適切な形にして書いてください。

(1) これらのケーキのどれが君は欲しいですか?

¿(　　　　　) de estos pasteles quieres?

(2) 君の靴はどれですか?

¿(　　　　　) son tus zapatos?

(3) 生命とは何か?/人生とは何か?

¿(　　　　　) es la vida?

(4) 君はお母さんに何の花をプレゼントするのだろうか?

¿(　　　　　) flor vas a regalar a tu madre?

(5) 私は誕生日に何をプレゼントされるのだろうか?

¿(　　　　　) me van a regalar para mi cumpleaños?

_____

5-4 [conocer と saber]

I （　　）内に **conocer** か **saber** のいずれかの直説法現在形を書いてください。

(1) ルイスはマドリードの道を大変良く知っている。

Luis (　　　　　) muy bien las calles de Madrid.

(2) 僕らが金曜日にパーティーをするのを君は知っているかい？

¿(　　　　　) que vamos a hacer una fiesta el viernes?

(3) 私はその芸術家を知りません。(会ったことがない)

No (　　　　) al artista.

(4) 私はその芸術家の名前を知りません。

No (　　　　) el nombre del artista.

(5) 私は彼女の名前は知っている。

La (　　　　) de nombre.

5-5 [ver と mirar]

I （　　）内に **ver** か **mirar** のいずれかの直説法現在形を書いてください。

(1) あの塔が見えますか？

¿(　　　　) aquella torre?

(2) 星があまりよく見えない。

No se (　　　　) bien las estrellas.

(3) 僕は君を見ない。

No te (　　　　).

(4) 僕には君が見えない。

No te (　　　　).

(5) 彼らはその知らせをしっかりと見る。

(　　　　) fijamente el aviso.

5–6 [oír と escuchar]

I （　　） 内に **oír** か **escuchar** のいずれかの直説法現在形を書いてください。

(1) 君(の言っていること)がよく聞こえない。

No te （　　　　） bien.

(2) 歌が聞こえる。

Se （　　　　） una canción.

(3) 祖母は一日中ラジオを聴いている。

Mi abuela （　　　　） la radio todo el día.

(4) 生徒たちは先生(の言うこと)をよく聞く。

Los alumnos （　　　　） bien a la maestra.

(5) 君がとても良い子だと(いう噂を)聞く。

Con frecuencia （　　　　） decir que eres muy buen muchacho.

- - - - - - - - - - - - - - - - - - - -

【 5–4 ～ 5–6 [補足問題]】

1 各文末の ［　　］ 内にある動詞のいずれかを直説法現在の適切な形にして （　　） 内に書いてください。

(1) 私たちが土曜日に遠足に行くのを君は知っているかい？

¿（　　　　　　） que vamos a ir de excursión el sábado? [conocer, saber]

(2) 私はその医師(と面識がありません)を知りません。

No （　　　　　） al médico. [conocer, saber]

(3) あのビルが見えますか？

¿（　　　　　） usted aquel edificio? [ver, mirar]

(4) 月があまりよく見えない。

No se （　　　　） bien la luna. [ver, mirar]

(5) 私の子供たちは私(の言うこと)をよく聞く。

Mis hijos me （　　　　） bien. [oír, escuchar]

- - - - - - - - - - - - - - - - - - - -

5 – 7 [基数、序数]

I 次の語句にある数字を綴りで書いてください。

(1) Llamar una ambulancia marcando el 119.

(2) 24 pupilas; 24 ojos

(3) La vuelta al mundo en 80 días

(4) Las 1001 noches

(5) 20.000 leguas de viaje submarino

II 次の語句にある数字を綴りで書いてください。

(1) El 3.ᵉʳ hombre

(2) Enrique IV

(3) Carlos V

(4) 2.ª Guerra Mundial

(5) 9.ª sinfonía

III 以下の問いの答えとなるような文を書いてください。(練習のため数字は綴りで書く)

(1) ¿Cuántos años tienes?

(2) ¿En qué año naciste?

(3) ¿Cuántos habitantes tiene Japón?

(4) ¿Cuánto mides tú?

(5) ¿Cuál es tu número de teléfono?

_____

【 5-7 ［補足問題］】

1 次の語句にある数字を綴りで書いてください。

(1) 47 prefecturas / 47 provincias

(2) 193 países

(3) 212.304 yenes

(4) 47.100.396 habitantes

(5) Felipe VI

2 以下の問いの答えとなるような文を書いてください。(練習のため数字は綴りで書く)

(1) ¿Cuántos años tiene tu padre?

(2) ¿En qué año nació tu madre?

(3) ¿Cuántos habitantes tiene tu ciudad?

_____

5 - 8 [時間、日付]

I 次の時間をスペイン語で書いてください。[　　]内はヒントです。

(1) 夜中の1時15分 [de la medianoche]

(2) 午前3時45分 [de la madrugada]

(3) 午前4時50分

(4) 午後8時30分

(5) 夜の10時10分 [de la noche]

II 次の日付をスペイン語で書いてください。

(1) 1492年10月12日

(2) 1810年9月16日

(3) 1816年7月5日

(4) 1945年8月6日

(5) 1989年11月9日

III 以下の問いの答えとなるような文を書いてください。

(1) ¿Qué hora es ahora?

(2) ¿A qué hora vuelves a casa?

(3) ¿Qué fecha es hoy?

(4) ¿Qué día (de la semana) es hoy?

(5) ¿En qué año estamos?

【 5-8 ［補足問題］】

1 次の時間と日付をスペイン語で書いてください。

(1) 午後 6 時 30 分

(2) 午前 7 時 15 分

(3) 午後 8 時 40 分

(4) 1886 年 5 月 1 日

(5) 1977 年 3 月 24 日

2 次の時間や日付の表現を含む文をスペイン語にしてください。[   ] 内はヒントです。

(1) 午後 5 時に。午後 5 時ちょうどだった [en punto]。

(2) 8 月 9 日午前 11 時 2 分に長崎に爆弾 [la bomba] が落とされた [se tiró]。

(3) チリでのそのクーデター [el golpe de Estado] は 1973 年 9 月 11 日だった。

(4) オリンピック [los Juegos Olímpicos] がブラジル、リオ・デ・ジャネイロ市 [la ciudad de Río de Janeiro] で 2016 年 8 月 5 日から 21 日まで行われた [se realizaron]。

(5) 2020 年 1 月 30 日木曜日、世界保健機関 [la Organización Mundial de la Salud]は、コロナウイルス [el coronavirus] による「国際的公衆衛生の緊急事態」[la Emergencia de Salud Pública Internacional] を宣言した。

3 以下の問いにスペイン語で答えてください。

(1) ¿A qué hora empieza la clase?

(2) ¿Cuándo es tu cumpleaños?

(3) ¿A qué hora vuelve tu padre a casa?

I 各語末にある［　　］内のヒントから次の語の意味を推測してください。

(1) mediodía [medio 半分の、día 日／昼]

(2) cumpleaños [cumplir 〜歳になる、año(s) 年]

(3) paraguas [parar 止める、agua(s) 水]

(4) girasol [girar 回る、sol 太陽]

(5) abrelatas [abrir 開ける、lata(s) 缶詰]

II 各語末にある［　　］内の接尾辞を付けた形を書いて意味を推測してください。

(1) único [-mente 形容詞を副詞にする]

(2) mesa [-ito 小ささ]

(3) hablar [-dor 〜する人]

(4) diente [-ista 職業]

(5) pastel [-ería 商店]

III 各語末にある［　　］内の接頭辞を付けた形を書いて意味を推測してください。

(1) ayer [ante- 前]

(2) poner [ex- 外へ]

(3) cambio [inter- 相互]

(4) cubrir [des- 否定]

(5) dependencia [in- 否定]

【 5-9 ［補足問題］】

1 各語末にある ［　　］内のヒントから次の語の意味を推測してください。

(1) medianoche [medio 半分の／中間の、noche 夜]

(2) autoescuela [auto 自動車、escuela 学校]

(3) agridulce [agrio すっぱい、dulce 甘い]

(4) parasol [parar 止める、sol 太陽／日光]

(5) sacacorchos [sacar 引き出す、corcho(s) コルク(栓)]

2 各語末にある ［　　］内の接尾辞を付けた形を書いて意味を推測してください。

(1) directo [-mente 形容詞を副詞にする]

(2) mosca [-ito 小ささ]

(3) servir [-dor 〜する人]

(4) arte [-ista 職業]

(5) libro [-ería 商店]

3 各語末にある ［　　］内の接頭辞を付けた形を書いて意味を推測してください。

(1) mercado [super- 超]

(2) traer [ex- 外へ]

(3) nacional [inter- 相互]

(4) aparecer [des- 否定]

(5) útil [in- 否定]

Suplemento 5

La familia

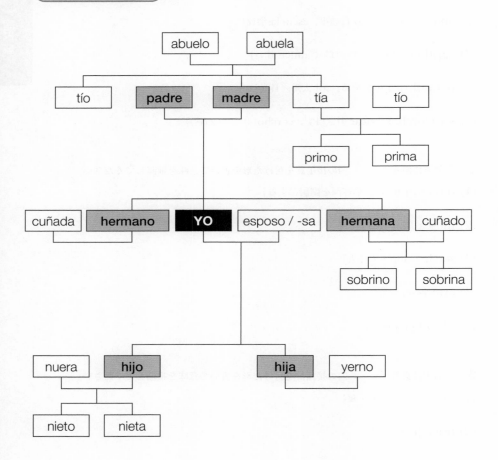

文法項目別さくいん

スペイン語文法項目別ドリル問題集
改訂増補版

検印
省略

© 2004年 4 月 1 日　　初版発行
2021年 1 月 30 日　　改訂初版発行

著　者　　　　　　　　　　　堀田　英夫

発行者　　　　　　　　　　　原　雅久
発行所　　　　　株式会社　朝日出版社
101-0065　東京都千代田区西神田3-3-5
電話　03-3239-0271/72
振替口座　00140-2-46008
http://www.asahipress.com/
組版　クロス・コンサルティング／印刷　錦明印刷

Clase
_____

Nombre
_____

Apellido(s)
_____